让孩子着迷的第一堂自然课
花园动物
The Secret Life of Garden Animals

（英）伯纳德·斯通豪斯（Bernard Stonehouse）著
（英）约翰·弗朗西斯（John Francis）绘
雪棣 译

化学工业出版社
·北京·

The Secret Life of Garden Animals
Copyright © 2010 Firecrest Publishing Ltd.
The simplified Chinese translation rights arranged through Rightol Media
本书中文简体版权经由锐拓传媒取得Email:copyright@rightol.com

本版本仅限在中国内地（不包括中国台湾地区和香港、澳门特别行政区）销售，不得销往中国以外的其他地区。未经许可，不得以任何方式复制或抄袭本书的任何部分，违者必究。

北京市版权局著作权合同版权登记号01-2016-8351

图书在版编目（CIP）数据

让孩子着迷的第一堂自然课．花园动物／（英）伯纳德·斯通豪斯（Bernard Stonehouse）著；（英）约翰·弗朗西斯（John Francis）绘；雪棣译．－－北京：化学工业出版社，2019.2
 ISBN 978-7-122-33526-5

Ⅰ．①让⋯ Ⅱ．①伯⋯ ②约⋯ ③雪⋯ Ⅲ．①科学知识－青少年读物②动物－青少年读物 Ⅳ．① Z228.2 ② Q95-49

中国版本图书馆 CIP 数据核字（2018）第 294573 号

责任编辑：丁尚林　谢　娣　　　装帧设计：水长流文化
责任校对：杜杏然

出版发行：化学工业出版社（北京市东城区青年湖南街 13 号　邮政编码 100011）
印　　装：天津图文方嘉印刷有限公司
787mm×1092mm　1/12　印张 2½　字数 40 千字　2019 年 6 月北京第 1 版第 1 次印刷

购书咨询：010-64518888　　　　　售后服务：010-64518899
网　　址：http://www.cip.com.cn
凡购买本书，如有缺损质量问题，本社销售中心负责调换。

定　价：22.80 元　　　　　　　　　　　　　　　版权所有　违者必究

前 言

"让孩子着迷的第一堂自然课"是一套系列丛书,这套书讲的是生态环境里常见的哺乳动物和鸟类的日常生活。每本书重点介绍一个特定的生态环境,从我们自己家的后花园,到我们散步和开车经过的林地,再到我们休闲玩耍的海滨。野生动物画家约翰·弗朗西斯和环境科学家伯纳德·斯通豪斯博士的成功合作,为我们揭示了大自然的秘密,使得我们能够了解和欣赏这些非常有意思的动物——我们原本还以为自己已经熟知这些动物了呢,却发现实际上对它们相当无知。

在《花园动物》这本书中,为下面这些问题提供了答案:知更鸟很友好吗?为什么小林姬鼠藏起来的食物中,有一些从来没被动过?乌鸫(dōng)在草地上倾听什么?书中还告诉你,一些花园动物是怎么帮助我们人类的,而我们又怎么能在困难的时候帮助它们生存。

目 录

花园简介	5
欧歌鸫（dōng）	6
小林姬鼠	9
知更鸟	10
欧洲刺猬	13
乌鸫	14
苍头燕雀	17
红松鼠	18
灰林鸮（xiāo）	21
蓝冠山雀	22
普通鵟鹟（qú jīng）	25
燕子	26
灰斑鸠	29

花园简介

当人类逐渐定居在城镇里的时候，他们又开始想念长着绿色植物、跑着野生动物的乡间啦。所以他们发明了花园这种东西——他们在道路和建筑物之间留出来一小片土地，在上面种上植物，这样感觉更贴近真实的生活。现在，在欧洲郊区或城镇的外围很多房子都会带有一个大小不一的花园，那些花园里有草地、树木、灌木丛和花朵，花园和花园之间由栅栏或树篱整齐地分隔开来。

我们总以为花园是完全属于我们的，就像房子完全属于我们一样。其实，花园里还有一些其他"居民"——小型的哺乳动物、鸟类、爬行动物和昆虫。它们有的季节性地住在花园里，有的则全年住在这里。对于这些动物来说，花园只不过是个落脚的地方，某些方面比田野和林地强些，另外一些方面则不尽如人意。栅栏和树篱可以被忽略。一排房子后面的十数个花园合在一起，就组成了不小的一片土地，可供几对刺猬、一些小老鼠、乌鸫、苍头燕雀和其他野生动物养家活口。

这本书展示了跟我们共享花园的一些动物的神秘生活，讲述了它们是如何利用花园的、是怎样帮助我们的、而我们在它们艰难的时刻又该怎样去帮助它们。

欧歌鸫（dōng）

我们把它们叫做"歌鸫"，是为了把它们跟槲（hú）鸫区分开来。槲鸫跟它们样子很相似，亲缘关系也很近，只是体型稍微大一些，而且在花园里不太常见。

欧歌鸫的雄鸟和雌鸟长得差不多，都是浅色的胸脯，上面有清晰的斑点。但雄鸟比雌鸟更吵闹一些。它们的叫声悠扬而婉转，很有乐感。早春时节，特别是清晨和深夜，常常能听到它们的叫声。因为那时它们正在瓜分花园里的领土。如果你看到两只歌鸫在草地或花床上一起并肩啄食，它们很有可能是一对配偶，而它们的巢就在附近。

这只雄欧歌鸫（右图），正栖在一根离地几米高的枝条上，放声高歌，以此来告诉其他歌鸫，这片花园是属于它的。它不担心知更鸟、蓝冠山雀或其他鸟类，甚至还可以跟它们分享这片地方。但是它需要让其他雄歌鸫离远点。如果光唱歌威力还不够的话，它会凶猛地攻击它们，直到把它们赶走。

1 在整个春季和夏季里，欧歌鸫的雄鸟到处巡视着它的领地，它经常站在树上、晾衣绳上或栅栏的桩子上唱歌。尤其是在清晨和深夜。在大段大段的演唱之间的"幕间休息"时间，它才去吃饭——去翻开土地，找寻昆虫、蛞蝓（kuò yú）和蜗牛来吃。

2 雄鸟和雌鸟都会叼着食物来喂给雏鸟吃，通常是昆虫、小蚯蚓或蜗牛。这在一开始还是件挺容易的事，但后来随着雏鸟长大，它们需要的食物越来越多，喂饱它们也越来越困难。三星期以后，雏鸟就羽毛丰满，准备离开家了。

3 雌鸟负责寻找合适的地点来筑巢。巢主要是用草和苔藓做的，里面涂了一层用黏土和它自己的唾液和成的泥浆。雌鸟在里面下蛋和孵蛋，一只雌鸟一般一次下三到五枚鸟蛋。这些蛋是天蓝色的，蛋壳上面有黑点。大约两周后，这些蛋就孵化了。

4 歌鸫对付蜗牛的方式非常独特。它们把蜗牛连壳一起叼起来，在石头或其他坚硬的表面上反复敲打。蜗牛的壳碎裂以后，歌鸫就抖落碎片，把蜗牛肉叼出来吃掉。没有别的花园鸟类能够这么巧妙地解决问题。

5 "歌鸫之砧（zhēn）"是指一块周围撒满了蜗牛壳碎片的石头，同一只歌鸫经常反复使用同一块石头。蜗牛能造成很多破坏，尤其是对幼嫩的植物，所以园艺家们总是很喜欢附近生活着歌鸫。

小林姬鼠

世界上的鼠类有数百种，它们都是身形小巧、毛皮光滑、眼睛闪亮的动物。它们有的生活在沙漠里，有的生活在人类居住的房子里，有的生活在热带森林里。我们这里说的长着长尾巴和卷耳朵的小林姬鼠，则生活在欧洲、亚洲和非洲的温带森林和田野里。如果你家花园里有鼠类动物，那么很可能就是这种鼠。你不大见得到它们，因为它们总是躲藏着，主要在夜间出来活动，但是你家的猫有时可能会抓到它们。秋天的时候它们也会为了取暖和遮风避雨而跑进房子里来。

小林姬鼠主要生活在地面上，但它们也会攀爬和沿着树枝奔跑。它们什么都吃，从昆虫到植物的新芽嫩苗、草、叶、坚果和浆果。

主图里这只小林姬鼠正在啃食一个橡子。在一个菜园里有小林姬鼠是件很麻烦的事情，因为它们会啃食幼苗、块根作物和水果。

1 小林姬鼠的尾巴跟它头和身体的总长度差不多，甚至还要长。小林姬鼠为什么需要这么长的尾巴呢？我们也不知道。最有可能的用途是当作散热器——当小林姬鼠在活动中身体过热时，它光秃秃的长尾巴可以帮助它散发热量，让它凉快下来。

2 小林姬鼠在早春交配。雌鼠用草和苔藓建造一个球状的窝，这个窝常常藏在叶子或倒了的树干下面，或是它自己挖出的地下通道里。一对小林姬鼠每年能生三到四窝幼鼠，每窝有六到八只。这些幼鼠在当季就可以长大成熟并繁殖后代了。

3 在夏末或秋天，食物充足的时候，小林姬鼠会把坚果和种子储藏起来。如果它们能活下来，并且记得自己把食物藏在哪里，它们就会在冬天的时候回去把这些储存的食物吃掉。但是，没有多少小林姬鼠能活过一个夏天，所以很多储藏的食物都原封不动地留在原地。

4 猛一看，小林姬鼠与家鼠在外形上非常相似。但它们还是有区别的：小林姬鼠一般后背是棕红色的，肚子几乎是白色的。而家鼠则通体是均匀的灰色。小林姬鼠比家鼠个头大，尾巴更长，脚更大些，耳朵和眼睛也更为突出。

5 作为这么小的动物，小林姬鼠相当强壮，肌肉也很发达，它们很轻快敏捷，可以跑得很快，还可以攀爬和跳跃。它们主要的敌人是猫、黄鼠狼和一些会飞的捕食者，如猫头鹰和猎鹰。受到攻击的时候，小林姬鼠可以跳起半米高来躲避捕捉。

知更鸟

这是十二月底的一个寒冷的早晨，花园的树篱上结着霜。一只长着丰满红胸脯的知更鸟正站在一根树枝上歌唱。它是在警告其他的知更鸟。这附近方圆几百米的地方都是属于它的。它会允许其他鸟类进来，只有知更鸟不行。如果另一只知更鸟从这里经过，它会恐吓、凶猛地攻击它，直到把另一只知更鸟赶走。冬天的时候，不让别的知更鸟接近是很重要的，因为食物非常缺乏，它需要自己独占所有的食物。

知更鸟的雄鸟和雌鸟外表非常相似，它们在冬季各自有不同的领地。在短暂的白昼时光里，它们不是在歌唱或是吓唬别的知更鸟，就是在寻找食物。周围没有多少食物，但是知更鸟的眼睛非常敏锐，可以一下发现昆虫、蜘蛛和种子这些维持生命的食物。

1. 知更鸟捕食的方式是，从灌木丛上箭一样猛冲下去，啄起昆虫或其幼虫。通常在其他动物翻搅过或刨开过的土地上，会有更好的收获。如果你正在做园艺，住在你家附近的知更鸟会飞下来，围着你正在挖掘的地方啄来啄去。它是在表示亲近友好吗？那倒不一定，但它肯定是饥饿到不惜冒险了。

3. 整个春天，雄知更鸟都在忙着把其他知更鸟从它的领地上赶走。有时用威吓的办法，有时则需要靠打架。打斗有可能非常激烈，其中一方甚至可能会送命。与此同时，雄鸟和雌鸟逐渐彼此了解，雌鸟在领地上探寻，想找到一个筑巢的地方。

4. 当雏鸟还在窝里的时候，它们的父母都会喂养它们。两三个星期以后，它们开始离巢自己寻找食物。但它们的父母还会继续喂养它们几天。与此同时，雌鸟开始寻找另一处筑巢地点。她一个夏天可以养育两到三窝小鸟。

5. 在炎热的夏天，知更鸟喜欢通过戏水来降温。鸟浴盆可以把它们吸引到你的花园来。

2. 早春是交配的季节。雄知更鸟这时候的歌唱，对于其他雄鸟仍然是一种警告，但却可以把雌鸟吸引到领地上来。知更鸟的雄鸟和雌鸟长得很像，所以雄鸟一旦看到有陌生的知更鸟落在它的领地上，还是抬高尖嘴、挺出胸脯，对新来的鸟进行威吓。如果入侵者是只雄鸟，他也会反过来进行威胁，那它们彼此就会打斗起来。而如果来的是雌鸟，雄鸟对此的反应则是低下头去、拍动翅膀。

6. 雌鸟要找一个隐藏在矮树丛里的安全角落，最好有某种可以借用作屋顶的东西，比如一个旧花盆。她用干草和叶子做一个窝，在窝里下五六个白底红点的蛋，然后用大约14天来孵蛋。在此期间，雄鸟给雌鸟送来食物。

欧洲刺猬

身材梨型而身体多刺的刺猬，遍布欧洲的田野、林地、公园和花园。你很少见到它们，因为整个白天它们都在睡觉，直到晚上才出来寻找食物。夜幕降临以后，走在花园里，如果附近有刺猬，你有可能会听得到它们的声音。乡里人把它们叫做"树篱猪"，因为它们在觅食时发出像小猪一样的呼噜声、吸鼻子声和尖叫声。春天和夏天是它们比较活跃的季节，它们在忙着求偶和繁殖；还有秋天，它们在努力长膘，为冬天做准备。从十月到来年四月，大多数刺猬在树叶中找一个温暖的角落，缩成一团去冬眠。刺猬的脸上、腿上和肚子上都覆盖着粗硬的毛。身体的其余部分则长着棘刺——也就是很粗很扎、末梢很尖的毛。这些刺可以很有效地保护刺猬，对抗捕食者。刺猬一直生活在地面上。相对它们的大小来说，它们很强壮，可以拱过高草和落叶层来寻找食物。

1. 刺猬在花园里的矮草、灌木丛和花丛更容易找到食物。它们的食物包括蠕虫、甲虫、蚂蚁、蜗牛和蛞蝓（kuò yú）。这些食物中有的是花园害虫，所以园艺家喜欢附近生活着刺猬。从刺猬在草地上留下的粪便里，经常可以看到它们食物的残片。

2. 刺猬的每根刺都像毛发一样从皮肤里长出来，长着结实的毛干和锋锐的尖端。这些刺也会在换毛的时候不时地更换。平时这些刺平顺地伏着。一旦受到惊吓，刺猬就会蜷缩起身体，竖起所有的刺，使自己变得非常扎人。如果一只狐狸或狗在这时去嗅它，就很可能被刺扎痛了鼻子。

3. 当面临被捕食的严重威胁时，刺猬会蜷缩成一个球，腿和尾巴收缩进来，棘刺向各个方向伸出去。刺猬可以一连几个小时保持这个样子，直到捕食者失去兴趣走开。

4. 刺猬从五月份开始繁殖。雌刺猬用草和叶子在灌木丛或小棚屋下面筑巢、生宝宝。一次能生四到五只。刺猬宝宝刚出生时，刺是软的。在出生后一到两星期内变硬。

5. 刺猬幼崽在巢中生长两到三星期，吃母乳。然后就跟着妈妈出去找食，学习什么东西好吃和哪里能找到好吃的。五到六星期后它们就独立了。

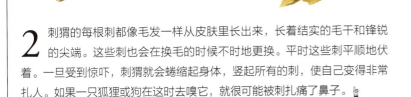

乌鸫

乌鸫（dōng）在欧洲的花园里很常见。乌鸫的雄鸟非常好认：它们的羽毛是全黑的，嘴是黄色的，在早春时发出欢快的鸣唱。乌鸫的雌鸟跟雄鸟在体型、大小和跳跃的方式方面都差不多，但雌鸟是棕色的，胸脯上有斑点。乌鸫一般生活在树篱和林地，但是在花园里过得会更好。占地半公顷的一个花园，可以供两到三对乌鸫生活繁殖。冬天的时候它们可能一起觅食，但从早春开始，每一对乌鸫都凶猛地守护着自己的领地或小角落。

右图这只乌鸫叼起了一条蚯蚓。它可能自己吞掉整条，也可能弄碎来喂食自己的雏鸟。春天的时候，乌鸫从土壤里搜寻蠕虫、甲虫和幼虫作为食物；夏季，它们吃毛毛虫、覆盆子、樱桃和其他软果子；秋季，它们吃成熟的浆果，花园就可以为它们提供所有这些食物；冬季，当食物变得非常稀缺的时候，花园里的乌鸫被迫到它们的领地以外去觅食。

1. 乌鸫的雄鸟长着光亮的黑色羽毛、金黄的眼圈和嘴。雌鸟的羽毛是灰色或是红棕色的，胸脯上有杂色斑点，眼圈不那么明显。除此以外，雄鸟和雌鸟在其他各个方面都很类似：它们蹦跳、飞翔和觅食的方式都十分相似。

4. 同一窝雏鸟在几小时内相继破壳而出，出生时全身无毛，而且眼睛闭着，什么也看不见。它们在尚未离巢的三个星期里，逐渐长出绒毛和羽毛，但是大多数时间还是什么也看不见。在它们离巢后，它们的父母还会继续喂养它们一两周，然后它们就靠自己了。

3. 乌鸫通常把巢建造得离地面很近。雌鸟选择筑巢地点，经常是在灌木丛分叉的地方。它收集起筑巢的材料，围绕着自己建造起鸟巢，产三到五枚卵，然后孵卵大约需要两个星期。

2. 修剪得很好的草地和花丛，是乌鸫理想的捕食场所。图中这只乌鸫正在寻找蚯蚓。当它看到一条蚯蚓的时候，即使只是一点尾巴尖，它就立刻猛扑过去，抓住蚯蚓，把蚯蚓狠狠地从地洞里拉出来。

5. 到了夏末，当乌鸫养育了两到三窝雏鸟以后，它们不再警惕地守护自己的领地，开始过起平静的生活。它们也不再唱歌或是威吓入侵者。雄鸟和雌鸟看上去都很疲倦，它们的羽毛也都变得残破黯淡。最后一只雏鸟离巢以后，它们还有时间在冬季到来之前觅食和长出新的羽毛。

苍头燕雀

春天，苍头燕雀的雄鸟需要找到一个领地，或是一片它们能够守护的地方。这个地方通常在林地上，或者一个树木葱郁的花园一角也可以。

颜色鲜艳的雄鸟在树枝或是篱笆桩上高声歌唱。它的歌声可以阻止其他雄鸟接近，而且吸引单身的雌鸟。这些雌鸟中的某一只，会跟它生活在一起，并开始筑巢。它们都会非常忙碌：雄鸟继续歌唱和击退竞争对手；而雌鸟则在灌木深处找到一个合适的筑巢地点，建造一个巢，并且养育雏鸟。冬季来临时，它们会离开花园，加入到鸟群当中，到一片更为宽阔的地方寻找食物。

现在是五月，左图里这只苍头燕雀雌鸟已经找到了花园的一个僻静的角落。雌鸟把草、苔藓和地衣用蜘蛛网缠绕粘连在一起，建造了一个巢。现在它开始孵蛋。而雄鸟继续保护着鸟巢周围的地方。雏鸟会在两星期后孵化出来，再过两周左右就会离巢。

3 在下完最后一个蛋后，雌鸟单独孵蛋12到14天。每过几小时，她会飞出去飞快地吃点东西喝点水。在她离开窝的这段时间里，浅色的带有斑点的蛋一直在窝的深处，藏得很好并且一直保持温暖。

1 苍头燕雀以长距离俯冲的方式飞翔，交替地拍动翅膀和滑翔。伸展开的双翼上呈现出很宽的白色条纹，尾巴边缘也镶着白色的羽毛。冬季里，它们形成几百只鸟的大鸟群，在田野中一起觅食。

4 苍头燕雀的嘴短而粗壮，其结实程度足以啄开坚果和种子，但又锋利和精巧到足以从土壤里啄起昆虫和其他小动物。它也是苍头燕雀的主要挖掘和筑巢工具，也是战斗时的武器。

2 苍头燕雀的雄鸟颜色非常艳丽，很容易看到它们在篱笆桩上歌唱。它们身上有的部分是鲜艳的粉色，可以说几乎是绯红色，其他地方则淡些。但它们永远比雌鸟鲜艳。雌鸟黯淡的颜色使得它们在巢中安静地坐着孵蛋时很难被发现。

5 一只雄苍头燕雀发现了一根高处的枝条，或是其他站着唱歌的地方，或许是房子的一角，正在用高亢的颤音歌唱。每一只苍头燕雀的歌唱都稍有不同，但都是告诉其他苍头燕雀，它就在附近，而且如果它们有所冒犯，它就会发动攻击。

红松鼠

这些活跃的小动物,生活在欧洲和亚洲那些成熟树木和灌木的森林里。从西伯利亚寒冷的白桦林和针叶林,到温带森林里,到处都有它们的身影。这些混合着乔木和灌木的森林给它们提供了多种多样的食物。在成熟完善的公园和花园里,树木高大、枝叶交错,同样可以成为它们的家园。松鼠几乎一直生活在树上,它们沿着枝条蹦跳、优雅地从一棵树飞跃到另一棵树上。

从英国到日本的红松鼠,都有泛红色的毛皮、长有耳羽的耳朵、明亮的眼睛,和毛蓬蓬的长尾巴。

但在各个不同的地方和不同的季节,红松鼠的毛皮颜色不尽相同。有些红松鼠全年保持金红色,但冬天颜色略淡。斯堪的纳维亚的松鼠毛色更偏灰色。一些南欧的松鼠在夏天是暗红色,而在冬天几乎是黑色的。

1 红松鼠将它的前爪当手用,伸出去抓食物。它们经常蹲坐起来,就像小袋鼠一样。相对它们的个头而言,红松鼠行动起来很轻盈,它们可以直上直下地沿着树干奔跑,靠它们尖锐的爪子来保持牢固。

2 红松鼠在树间生活和觅食。你很少看到松鼠在地面上。它们的动作快速灵巧,能从一根枝条飞跃到另一根枝条。毛茸茸的尾巴几乎跟身体一样长,不停地上下左右拂动,帮助它们保持平衡。

3 在春夏季节,红松鼠吃芽苞、幼苗和嫩叶,秋天,它们的食谱里添了坚果和种子。它们也吃鸟蛋和昆虫。它们长长的前门牙用于咬东西,边缘非常锋利,可以啃穿坚硬的外壳,吃到坚果里面软的坚果仁。

4 红松鼠咬断小树枝来筑窝。这些窝有的就是个睡觉用的平台,有些则更大也更复杂,像图中这个,是繁殖用的。松鼠在春天配对,生下一窝松鼠宝宝,每窝四到五只。这些小松鼠需要大约六个月长到成年松鼠大小。

5 英国和爱尔兰有一种很相似的灰松鼠,是很多年前从北美引进的,现在在很多地区相当繁盛。这些松鼠体型大些,毛皮颜色也跟当地松鼠很不同。当两个品种的松鼠竞争的时候,灰松鼠获胜。所以在英国红松鼠相对稀少。

灰林鸮（xiāo）

这些夜间捕猎者通常生活在林地和田野上。每对灰林鸮需要超过10公顷的地方来捕猎。不过，城市里的公园和有古老大树的大花园也可以供它们生活。甚至一个周围都是其他花园的小花园也可以供一对灰林鸮居住。

你听到它们的时候比看到它们的时候多。白天，它们静静地栖息在树上。到了晚上，它们开始到处巡视，然后整夜都在捕猎，中间只偶尔休息一下，停歇在树枝上把它们捕捉到的猎物吃掉。

它们发出的"咯咯""叮叮""呼呼"等各种鸣叫声，在寂静的空气中传播得很远。一只静默地栖息在枝头的灰林鸮可以与它的背景融为一体，几乎隐形。它们的大眼睛擅长在暮色中看东西。更重要的是它们藏在羽毛里的耳朵，因为林鸮夜间捕猎主要靠听声音，它们捕捉小型的鸟类和哺乳动物、甲虫、青蛙、鱼类、蚯蚓和一些更小的猎物。

1 灰林鸮主要在深夜和清晨捕猎。它们柔软的羽毛使得它们在飞翔时悄无声息。它们站在栖木上的时候会鸣叫，但盘旋巡视的时候却不发出任何声音。它们专注地观察和倾听它们的猎物的微小动静和窸窣（xī sū）的声音。

2 这只灰林鸮捉住了一只田鼠，它用强壮有力的嘴夹了一下，就杀死了田鼠。现在它抓住这只田鼠，同时听着下一个猎物的声音。它伸长了脖子，来回地扭头转脸，试图精确定位声音的来源。一旦它确定了猎物的位置，就会用尖嘴利爪发动又一次攻击。

3 灰林鸮在树洞、建筑物、悬崖或地上的洞里筑巢。它所谓的巢，只是一个勉强容纳二到四个白色鸟蛋的空洞，没有任何衬垫或其他筑巢材料。雌鸟完成大部分孵蛋工作。小灰林鸮孵化出来大约需要四个星期。

4 在雏鸟的孵化和养育阶段，雄鸟给雌鸟和雏鸟带来食物。成年的鸟把食物撕开，分给雏鸟。通常，第一个孵化出来的雏鸟是最强壮的，最后孵出的总是比较弱小的。如果食物稀缺，比较弱小的雏鸟就饿死了，只有强壮的才会生存下来。

5 灰林鸮一天中有一到两次从嗉囊里吐出唾余，里面是它无法消化的动物毛皮、骨头和鱼鳞。生物学家通过收集和分析这些唾余，可以知道灰林鸮在一年中的不同时间里捕捉到的动物种类。

蓝冠山雀

蓝冠山雀是个头很小、颜色鲜艳的林地鸟类，是冬季经常光顾花园的山雀里最小的一种。每年十月以后，大自然里的食物变得稀少的时候，如果你在花园的喂鸟器里放进花生，或是吊上一块油脂，就很可能吸引成群的山雀，大概能有五到六种之多，其中就包括蓝冠山雀。如果你秋天时在树干上钉上一个鸟巢箱，可能会引来一对蓝冠山雀到里面一直住到春天，并且在里面繁殖。

蓝冠山雀的前胸是黄色的，后背、翅膀和尾巴是蓝绿色的，它们是很招人喜欢的鸟。蓝冠山雀很小很轻，相对于它们的体型来说，它们的力气是很强壮的，而且是出色的杂技演员。蓝冠山雀主要在树上找食吃。它们在枝叶间像荡秋千一样飞来飞去，寻找蚜虫、毛毛虫和其他小昆虫来吃。它们还在草叶和花朵上荡来荡去，吃花蕊和种子。它们的小个子使得它们比大个的鸟类更有优势：大个的鸟儿常常太重了，没办法用这种方式觅食。

1 在比较新的林地和花园里，没有足够的树洞来供所有的山雀筑巢。但是，这些鸟很乐于接受鸟巢箱——就是一些侧面开了洞的木头或金属盒子。这个洞必须大到可以让山雀进去，但是要小到可以阻挡黄鼠狼、松鼠和其他捕食山雀的动物。

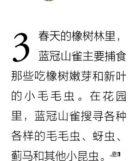

2 在古老的森林、果园和花园里，蓝冠山雀主要在树皮的洞里或是树枝脱落形成的树疤节那里做窝。它们在这些洞里填上叶子和苔藓，铺垫成一个巢，然后雌鸟在里面产下十几个很小的粉色鸟蛋。

3 春天的橡树林里，蓝冠山雀主要捕食那些吃橡树嫩芽和新叶的小毛毛虫。在花园里，蓝冠山雀搜寻各种各样的毛毛虫、蚜虫、蓟马和其他小昆虫。

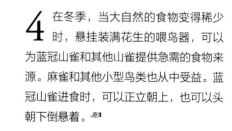

4 在冬季，当大自然的食物变得稀少时，悬挂装满花生的喂鸟器，可以为蓝冠山雀和其他山雀提供急需的食物来源。麻雀和其他小型鸟类也从中受益。蓝冠山雀进食时，可以正立朝上，也可以头朝下倒悬着。

5 当食物充足，天气适宜时，一对蓝冠山雀在一个季节里可以养育两到三窝雏鸟，每窝十来只。当食物稀缺难寻时，很多雏鸟会死去。无论哪种情况，每窝雏鸟中都只有几只会活过它们的第一个冬天。

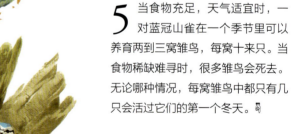

普通鼩鼱（qú jīng）

普通鼩鼱像一只耳朵很短、鼻子却特别长的老鼠。这是欧洲十几种鼩鼱中的一种，也是分布最广泛的一种。从极地的斯堪的纳维亚半岛，到南欧的意大利和希腊，到处都有普通鼩鼱。它们的栖息地分布很广，从高山地区到沼泽低地。它们在森林地表上的落叶层里非常自在，也适合在公园和花园里生活。甚至一个小镇花园也很可能养活至少一家普通鼩鼱，甚至更多。普通鼩鼱看上去像老鼠，但它们的牙齿、大脑和其他特征显示出，它们更接近刺猬。鼩鼱的长嘴里有长长的一排牙齿，用来咬断和切碎食物。须毛像猫的胡子一样，可以帮助寻找食物。鼩鼱的视力很差，主要靠嗅觉和触觉生活。它们主要的食物包括蜗牛、蚯蚓、昆虫和其他小动物。

1 鼩鼱在草和叶子的下面挖洞，建造连接巢穴的长长的通道。它们沿着这些通道去找食吃。通道上的顶既有助于它们在冷天保暖和在坏天气里保持干燥，又能让它们躲避捕食的鸟类和猫类。

3 普通鼩鼱的长嘴里有两排细小但非常锋利的切削齿，这些牙齿大部分都有红色的尖端，可以用来咀嚼猎物。由于鼩鼱的前牙是平躺着的，使得长嘴更长了。鼩鼱的牙齿可以用来咬碎蚯蚓和昆虫，搏斗的时候，也是很好的武器。

4 普通鼩鼱侧腹上那片淡红色的毛茸茸的皮毛，覆盖着它的臭腺。臭腺给每个动物一种它独有的气味。当鼩鼱们相遇的时候，它们一边吱吱叫着，一边把对方全身闻个遍。这些气味大概能帮助它们分辨出对方是家庭成员还是陌生人。

5 普通鼩鼱在春夏配对，每年生产两到三窝鼩鼱幼崽，每窝四到八只。鼩鼱幼崽非常小——出生时一窝四只才不到1克。幼崽们（注意它们那毛茸茸的尾巴）很快地长大并发育成熟。它们中只有很少一部分能活超过一年。

2 由于鼩鼱体型较小，它们必须每隔几小时就进食，不论昼夜这样才能保持体温。所以它们睡觉和活动交替地进行。这只鼩鼱正把它的鼻子拱进松软的泥土里，嗅出了一只甲虫或蚯蚓。

燕子

燕子及其近亲的燕科小鸟，都是很社会化的鸟类，它们成群地飞翔，在岩石或建筑物上成群地筑巢。你很少看到单独的一只。它们从空中捕捉昆虫吃，所以它们可能从来不落在你家花园里面。但是它们会在花园正上空来来回回地掠过，还会在你家屋顶或房檐下面筑巢。如果你家有个池塘或小溪，它们会飞下来喝水，或衔泥去筑巢。秋天它们飞到非洲南部去过冬。

当它们飞在空中时，从地面上看上去，它们只有黑白两色。但近看发现色彩是惊人的鲜艳。它们的后背和前胸是深蓝色，而额头和脖子前面还有成片的红色。它们飞得很快，飞翔的时候翅膀和尾翼展开，乘着树木、悬崖和建筑物上空的上升气流。它们在飞翔中捕食，能迅猛地俯冲下去捕捉它们主要的食物——飞虫。

1. 燕子大张着嘴从成群的蠓蚊和其他飞虫中来来回回地俯冲飞掠的时候，它很黏的口水会捕捉到这些飞虫。在温暖的傍晚，当蠓虫在空中上升的时候，正是燕子觅食的好时机。在寒冷的天气里，当附近没有什么飞虫的时候，燕子可能会挨饿。

2. 在一个晴好的夏季傍晚，燕子在几分钟之内就可以捉到数十只小昆虫，再加上一些更大的甲虫、黄蜂、草蛉、蛾子和蜻蜓。它们可能把这些昆虫吞下去，也可能嘴里塞得满满地带回去，给它们的雏鸟喂食。

3. 燕子用泥筑巢。春天的雨后，它们聚集在水坑边上，用嘴从水坑里衔起软泥，把泥放到树上、悬崖上或建筑物上，堆塑成窝的形状。雄鸟主要承担收集泥的工作，而雌鸟完成堆砌工作。燕子筑巢时，经常把前一年的巢进行重建。

4. 在村庄或郊区，昆虫很丰富的地方，燕子经常在房檐下筑巢，有时则在谷仓和棚屋的椽（chuán）子中间筑巢。雌鸟负责孵化鸟蛋，雌鸟和雄鸟都喂养雏鸟。一对燕子在一个繁殖季节能养育两到三窝雏鸟，每窝五到六只。

5. 到秋季中旬的时候，繁殖季节结束了，数十或上百只燕子，无论长幼，聚集成群。经常可以看到它们栖息在电线上，准备长途飞行到气候温暖的南方。燕子飞走，就是夏天结束的明确信号。

- 26 -

灰斑鸠

一个世纪以前,这些可爱的粉灰色的鸟儿在亚洲很常见,但在欧洲几乎无人知晓。在二十世纪早期到中期,它们向西方扩张蔓延,现在在整个欧洲的田野和花园里都很常见了。如果一对灰斑鸠决定住在你家花园里,它们就会整年都在这里。你会常常看见它们在一起。它们似乎很喜欢彼此的陪伴,即使在进食时也在彼此的视线之内。它们在地面上找食吃,在草地和花丛间巡视,啄食种子、草和小昆虫。灰斑鸠一般栖息在高处,比如,房顶或是树的高枝上,它们的叫声是非常独特的连着三声"咕咕"声。这声音是在告诉其他灰斑鸠:这里已经住着一对灰斑鸠啦!在求偶的时候。它们彼此飞得很近,时而上升,时而下降,用一致的方式拍打着翅膀。筑巢的时候,雄鸟负责弄来细枝和草茎,雌鸟把这些细枝和草茎摆在合适的位置。

1 灰斑鸠那轻柔的、重复的咕咕声是一种令人心情平静的声音,会得到比邻而居的灰斑鸠的回应。但是对于陌生的灰斑鸠,它有着警告作用——如果它们落在一片已经有主的领地里,就很可能受到攻击、遭到狠啄。

3 父母双亲都喂养雏鸟,先是喂"鸽乳"——它是一种从嗉囊里分泌出来的乳汁一样的东西。然后喂种子和其他植物。雏鸟刚孵化出来时是光秃秃的,没有毛,眼睛也看不见,但它们长得很快。大约三个星期以后,它们就准备好做第一次试飞了。

4 即将离巢时,羽毛初丰的小鸟还要在父母身边再跟随一个多星期。父母继续喂养它们,但同时它们自己也要学习到哪里找食、如何找食。最终它们将会离巢,如果它们不离开,它们的父母也会把它们赶走。

2 雄鸟和雌鸟在筑巢上分工合作——通常是雄鸟带来细枝和草茎,雌鸟坐在上面,把这些材料挪来挪去,摆放合适。但完工以后,建成的所谓的巢也不过就是堆成一堆的小树枝,仅仅能保证让两枚白色的蛋不会滚落到别处去。雄鸟和雌鸟都孵蛋,一共要孵两星期。

5 灰斑鸠是性情安静、随和的鸟类,很快就适应了跟人相处。它们可以变得非常驯服,特别是当你在冬天食物稀少时喂它们面包或谷物的时候。

连连看

本册书中出现过的动物，你都认识了吗？试着根据它们的画像，给它们连上对应的名字吧！

动物画像	动物名称
	乌鸫
	知更鸟
	蓝冠山雀
	红松鼠
	普通鮈鲭
	小林姬鼠
	燕子
	灰斑鸠
	苍头燕雀
	欧歌鸫
	欧洲刺猬
	灰林鸮